Jungbluth · Vun Lück un vun Minsche

Martin Jungbluth

Vun Lück
un vun Minsche

Greven Verlag
Köln

MINGEM VATTER,
DÄM ICH
SU VILL VERDANKE
UN DÄ MER
US DER IWIGKEIT
ZOKNIEP

CIP-Titelaufnahme der Deutschen Bibliothek

Jungbluth, Martin:
Vun Lück un vun Minsche / Martin Jungbluth. - Köln :
Greven, 1989
   ISBN 3-7743-0252-9

© Greven Verlag Köln GmbH 1989
Einbandgestaltung: Peter J. Kahrl
Druck: Greven & Bechtold GmbH, Köln
Buchbinder: Berenbrock, Wuppertal
Alle Rechte vorbehalten

Vorwort

Martin Jungbluth ist neu unter den Kölner Mundartautoren. Dieses Buch ist sein Debüt. Also mag, auch im Blick auf gelegentliche Disputationen über die Renaissance der Mundart und die Zukunft der Mundartliteratur, interessieren, wie er »dazu kam«.

Geboren ist er am 9. Januar 1935 in Nippes. Beide Eltern waren Kölner: der Vater war in der Stadtmitte, Unter Goldschmied, aufgewachsen, liebte Köln und kannte sich aus in der Stadtgeschichte (ich hab' ihn noch ein bißchen kennengelernt); die Mutter stammte aus dem Agnes-Viertel. Man kann ihm also aufs Wort glauben, wenn er sagt: »Bei uns derheim wood immer Kölsch gesproche.« Seine Kinderzeit verlebte er im »Sechzig-Veedel«, im Pfarrsprengel von St. Joseph – abgesehen von den Jahren, in denen der Krieg alles durcheinanderbrachte und ihn eine Zeitlang nach Vorarlberg verschlug. Damals entstand seine Liebe zu den Bergen, die noch heute die Gestaltung seiner Urlaube mitbestimmt.

Von der Volksschule Auguststraße wechselte er zum Neusprachlichen Gymnasium Nippes, das er bis zur Mittleren Reife besuchte. Nachdem er die Ausbildung zum Versicherungskaufmann abgeschlossen hatte (als solcher ist er jetzt seit über 25 Jahren bei derselben Firma tätig), heiratete er 1960 »e kölsch Mädche us Neppes«, hat heute, seit Ende 1966 in Kalk wohnhaft, zwei erwachsene Kinder, einen Sohn und eine Tochter, und seit 1988 auch die erste Enkelin.

Schon 1958 wurde er Mitglied des Altermarktspielkreises, erlebte noch die letzten Jahre unter dem Gründer Franz Goebels und wurde unter dessen Nachfolger Richard Griesbach bald eine der starken Stützen. Von seinen vielen kleinen und großen Rollen hat er die des Judas im »Kölschen Passionsspiel« und die Titelrolle im »Kölschen Jedermann« als Höhepunkte in Erinnerung. Bei seinem Umgang mit kölschen Gedichten sind ihm vor allem Peter Berchem und Hanns Georg Braun ans Herz gewachsen.

Seit 1977 gehört er innerhalb des Altermarktspielkreises dem kleinen Kabarett-Ensemble »De Äugelskeß« an. Dessen Bedarf an aktuellen Programmnummern brachte ihn dazu, es nach vielem Kölsch-Sprechen und Kölsch-Rezitieren auch einmal mit dem Kölsch-Schreiben zu versuchen. Von jenen ersten Texten sind »Am Bettche«, »Qualm« und »Et richtige Fluidum« auch in diesem Buch zu finden.

Dessen Gliederung und dessen Titel hat Martin Jungbluth selbst überlegt. »Lück« sind für ihn Zeitgenossen, »denne mer nit grön eß un och nit grön sin kann«, große Leuchten oder kleine Kirchenlichter, »die en ehrer Aat nit ganz ech sin, die mer et eesch got belore muß un vör denne mer sich en aach nemme sollt«. Gemeint sind die ewigen Marschierer und die ewigen Mitläufer, die notorischen Kommandierer und die notorischen Opportunisten, die kalten Geschäftemacher und die, die für den eigenen Vorteil über Leichen gehen. »Minsche« dagegen sind die, »met denne mer got zosamme levve kann, die ne gode Fründ sin künne«, weil sie noch etwas anderes im Kopf haben als Geld und Karriere und den schönen Schein. Jeder braucht solche Menschen, »die hä gän han kann un die in gän han«. Ohne diese Möglichkeit der Freundschaft, der selbstverständlichen Solidarität, der selbstlosen Nächstenliebe vertrocknet der Mensch oder doch das in ihm, worauf es ankommt, das, was menschlich in ihm ist.

Daß die kölschen Kölner dafür ansprechbar bleiben, dazu will Martin Jungbluth mit seinen »Rümcher un Verzällcher« beitragen. »Woröm soll ich et nit versöke?« heißt es im entsprechenden Zusammenhang hier im vorletzten Verstext. Die Ernsthaftigkeit und die handwerkliche Solidität, mit der er an seine Texte, etwa »Immer wigger« oder »Mi Vatter«, aber auch die heiteren bis zu den kleinen Skurrilitäten wie »Gesund« oder »Dä Breef noh China«, herangeht, verdienen eine freundliche Aufnahme und sollten ihm eine aufmerksame Lektüre sichern.

Heribert A. Hilgers

VUN LÜCK...

Gebett

> Leeven Herrgott,
> ich bedden dich,
> gevv mer e beßge Gedold. –
>
> Ävver flöck!

Woröm laach do keiner?

> Woröm fängk ens keiner richtig an,
> laut un lang un hätzlich zo laache,
> op ener Feßlichkeit
> oder bei nem stiefstaatse Gelog,
> wann hä süht,
> wie dutäns sich mänche Minsche nemme,
> wie se sich opblose,
> wie se schweißte,
> wie se bezahle
> för ehre finge Habit-Givvel?
>
> Woröm laach sich keiner kapott,
> wann hä süht,
> wie die erömstolzeere
> en der Sod vun ehrer Selvsgefälligkeit,
> wie die pseudo-wissenschafflich
> un met dutänstem Geseech
> alles eravputze, wat got un schön em Levve eß,
> un sich wie der Nabel vun ehrer
> kleinkareete Welt vörkumme?
>
> Woröm laach do keiner?

Sprichwöder

De Riche han et üch vörgesaht,
dat Ärmot noch keinem hät Schand gemaht.
De Fresser rode vum volle Desch,
dat Salz un Brut hält de Backe fresch.
De Duve rofen et laut üch vum Daach:
»En Mösch en der Hand soll blieve ör Saach!« –

De Domme, die gläuve doför an dä Stuss,
dat der Klögere immer nohgevve muß.

Gesund

Hä hatt opgehoot
zo rauche,
zo drinke,
zo fett zo esse
un de Wiever nohzolaufe.

Alles op eimol.

Et wor
e schön
Begräbnis.

Geld

Geld eß en god Saach.
Et hät bloß eine Fähler:
Et gitt zo winnig Lück,
die genog dovun h a n. –

Et gitt ere ävver och,
die han g e n o g dovun.

Bekannte

Ne gode Bekannte
eß ene Minsch,
dä mer su got kennt,
dat mer sich Geld vun im
liehne künnt. –

Ävver
för im jet zo liehne,
kennt mer in widder
nit got genog.

Dä Held

Ohne Zäng, ohne Fraulück un ohne Geld
küß do en die erbärmlige Welt.
Ohne Zäng, ohne Fraulück un ohne Geld
geihs do vun der erbärmlige Welt.
Wat häsde dann gemaht op der Welt?

Zäng häsde kräge un zogebesse,
mänch Frauminsch häsde opgeresse
un Geld gescheffelt, ohne Gewesse.

Wor et dat all, wat do op der Welt
geschaff häß? – Do ärmsillige Held!

Gewenn un Verloß

De eeschte Hälfte vum Levve geiht drop,
domet do dä Geldsack kriß vollgestopp.
Do merks dobei ganit, do Schudderhot,
dat do ding Gesundheit häß usgeblot.

De andere Hälfte vum Levve eß Nut,
dat do vun der Schöpp höpps dem lausige Dud.
Do söks ding Gesundheit un giß doför us
ding ganze Grosche. – Wat soll no dä Stuss?

Spillsaache

»Ratatatata.«
Dem Pitterche
si Chreßdagsgeschenk,
e beinoh
originalgetreu
Spillzügmaschinepistölche,
spröht Funke.

»Schamm dich,
Pitterche.
Met sujet
zielt mer nit
op Minsche.«

»Jo, Papa. –
Sag, Papa,
op wat
zielt mer dann
met Maschinepistole?«

Selvsschutz

Et hatt im
Endrock gemaht,
wat dä zoständige
Minister
gesaht hatt.
Dröm leet hä sich,
wie singe
Bausparvertrag
fällig wor,
ene kleine
Atombunker
em Gade vergrave.

Jeden Dag,
noh Feerovend,
lo't hä jetz
en der Himmel.

Hä wadt.

Wa'mer ald
su vill
angelaht hät,
dann muß sich die Saach
doch och ens
renteere.

Solidarität

>Jo, wenn se all metdäte,
>dät ich och met. –
>Wenn se ävver nit all metdun,
>dann eß alles ömesöns.
>Ävver weiß ich,
>ov se all metdun?
>Dröm dun ich leever
>ald tireck nit met.
>Un eß üvverhaup secher,
>ov minge Chef nit üvverschnapp? –
>Villeich geiht alles en de Botz,
>dann well ich nit dobei gewäs sin.
>Un op eine einzelne
>kütt et jo nit an.
>Et eß doch genog,
>wenn die andere metdun!

Verbodde

>Lück,
>die en Auto han,
>un et gän han,
>sinn secher en,
>dat mer si Auto
>nit am Rhing
>wäsche darf.
>Wäge dem
>»Naturschutz«.
>Ävver och
>wäge dem
>»Lackschutz«.

Eines Dags

Mänches
weed sich ändere,
wa'mer
eines Dags
et Grundgesetz
su verteidige,
wie hückzodags
de linke Spor
op der Autobahn.

Rääch gehatt

Der Schmitz fohr en singem Flitzer
met hundert Saache gäge ne Baum.
Dat Auto wor bloß noch ene Blechhaufe,
un hä selvs hatt singe letzte Kühm gedon.

Dags vörher hatt hä et noch gesaht:
ohne Auto künnt hä nit levve.

Engesinn

Üvver et Wochenengk
bliev mer nit gän
bei Bekannte.

Et eß zo schwer,
för su en lang Zick
netter zo sin,
wie mer eß.

Geheimnisse

Ich gon
durch ene schmale Gang.
Räächs un links
süht mer durch Glasdürre,
wie Lück am arbeide sin.

Bloß
durch de Bürodöör
vum Chef
un durch de Klodöör
süht mer nix, –
Milchglas!

Wat mag et dohinger
wal för
Geheimnisse gevve?

Die Lück vun bovve

Meddags trof ich vör der Huusdöör die neu Lück, die am Mondag en die Wonnung üvver uns engetrocke wore.

»Hätt Ehr nit Loß, morge ovend jet bei uns eropzokumme, dat mer uns jet nöher kennelehre?« säht dä Mann.

Ich nohm die Enladung an: »Secher, woröm eigentlich nit?«

»Mer däte uns freue, wa'mer dann och Ör Frau bei uns hätte«, reef die Frau, un ehr Stemm hoot sich an wie rosa Klopapeer.

»Mer sin morge engelade«, säht ich ovends för ming Frau, ävver die daut der Finger an de Leppe, zeigte noh bovve un fispelte: »Stell! Se han Knies.«

Dat kom jo grad günstig. De Pänz woren op ener Party un wollte nit vör zehn Uhr heimkumme, un mer hatte nix Wichtiges vör. Alsu daute mer Böcher, Zeidunge, Beerfläsche un Streckzüg an de Sick, satzten uns müsgestell hin un däte luustere. Zom Glöck ha'mer alle beids ene ganz fiese Charakter.

»Blötschkopp!« reef die Frau, »gangk doch noh dinger leev Mamm, die mich beim Begräbnis vun dingem fingen Ohm su fies beleidig hät. Los, gangk doch!«

»Brom brom«, brabbelte dä Mann, »brom brom brom brom brom.«

»Mer kann in nit verston«, säht ich verärgert, als wa'mer em Thiater söße.

»Un dinge schöne Broder met singem lila Schlips un singe dreckelige Geschäfte«, schreite bovve die Frau.

»Brom brom«, säht dä Mann, »brom bram brilla.«

»Su geiht dat nit«, fispelte ming Frau widder. »De Hälfte kritt mer jo nit met. Loß mer et em Flur probeere.«

Verhaftig, dat maht vill us. Die Frau verstund mer jetz su got, als wenn se nevven einem stünd. Un dä Mann säht: »Do meins wal, dinge brave Fritz met singem brom brom bram brilla.«

Mer kunnt he vill mieh verston.

»Meer mööte noch jet hühter kumme«, säht ich.

Got, dat en unsem Flur e staats Bessemschaaf steiht, wo mer ohne große Möh dropklemme däte. – Eja, su wor et besser.

»Un wells do villeich behaupte, dat hä nit bei dich gekummen eß, wie ich en Frankfurt wor?« reef dä Mann ganz deutlich.

»Sühsde?« stuppten ich ming Frau an, die et sich nevve meer op däm Schaaf gemütlich gemaht hatt. Un se dät leis laache.

»Un wat deis do Doll en Frankfurt?« klung et vun bovve.

17

Noch en god Stund ha'mer gespannt geluustert un ene Haufe Neuigkeite gehoot, die ich wäge mingem Takgeföhl nit wiggerverzälle kann. Et wor en anstrengende Stund, un ich han noch ét Beer un der Wing op et Schaaf gehollt. Un e Kesse, weil ming Frau jet hatt log.

Gäge zehn Uhr wood et stell. Se wore secher möd.

»Komm, loß mer widder en et Zemmer gon«, säht ming Frau, »et eß am Engk.« Se rötschte höösch vum Schaaf erav.

»Ich blieve noch jet he«, säht ich un daut mer dat Kesse unger der Kopp, »mer kann nie wesse...«

»Leever nit – de Pänz kumme glich heim«, säht sei. »Do schelle se ald...«

Wie se opmaache dät, stund dä Här vun bovve vör der Döör.

»Künnt Ehr uns villeich zehn Mark klein maache för der Zaretteautomat?«

Mer kunnt im üvverhaup nit anmerke, dat hä grad dä Knies hinger sich hatt. Hä dät jet düster lore, wie hä mich bovve unger der Deck lige sohch, un hä säht: »Hallo.«

»Hallo«, gov ich zoröck.

»Litt Ehr o'm Schaaf?« frogten hä.

»Ja, ja...«, säht ich.

»Woröm dann?« wollt hä wesse.

»He eß et schön wärm«, feel et mer grad en, »Wärmde steig immer noh bovve.«

»Dat stemmp«, säht hä. »Ävver eß et nit jet unbequäm?«

»Och, mer gewennt sich dran«, griemelten ich erav.

»Komische Gewende«, meinten hä. »Dodrüvver mööt Ehr ens e Verzällche schrieve.«

Un dat han ich dann och gedon.

Et Jubiläum

No häsde e Veedel-Johrhundert geschaff
un kriß jetz en Red vörgelese.
Do weesde hufeet, de Hoor ston zo Berg,
un dä Kääl, dä dat deit, eß e Freese.

Hä hät dich getriez un gejöck, wo hä kunnt.
Un jetz kitzelt hä ding Talente.
Do steihs ganz allein en däm miese Verein
un denks deef em Hätz an ding Rente.

Dä Kääl lüg et Blaue vum Himmel deer vör.
Vum Bezahle wollt hä nie jet wesse.
Die andere gringe un lore dich an.
Se wesse: dich han se bedresse.

Do denks ald em stelle an morge fröh:
Dann beßde jo widder ne Kleine.
Do weiß ald genau, wat dä Kääl dich dann kann,
un beß met deer selver em reine.

Am Fühlinger See

Einundressig Grad
em Büro
un am Ufer
vum Fühlinger See.
Sechs Jurastudente
ligen eröm,
schwemme,
segele,
schwaden üvver et nöhkste
Jazz-Kunzäät.
Zweschedurch
hö't mer och
e paar wölle Wööt,
vun wäge kein Loß
för zo studeere
ov bei einundressig Grad
em Büro zo setze.

Wat müge die wal
späder sage
üvver einer,
dä bei einundressig Grad
leever an der
Fühlinger See
als en et Büro
gegange eß?
Ov die dann noch wesse,
wat se hück gesaht
un gedon han?

Et richtige Fluidum

Hein: Alsu dat muß ich jo sage, Karl, op ding neu Kellerbar kannsde wirklich stolz sin.

Karl: Do staunsde, wat? Die eß vun der Enrichtung her bal su got wie ding Hausbar, ne? He un do eß jo jet nohgemaht, ävver gäge kreative Imitatiun häß do doch secher nix.

Hein: Mann, die Biergläser! Alles Souvenirs?

Karl: Secher dat. E paar han sugar en richtige Story! Gelägentlich muß ich deer ens verzälle, wie ich he dä Stivvel unger'em Hemb am Kellner vörbeigeschmuggelt han.

Hein: Och, un all die Hotelzemmerschlössele an der getäfelte Wand, doll!

Karl: Wor jo och ene prima Tip vun deer. Ich hätt nit gedaach, wat do en e paar Johr zosammekütt, wa'mer öftersch op Seminare eß.

Hein: Donnerkiel, die ganze Frotteehanddöcher an der Barthek. Dat eß jo en stolze Sammlung.

Karl: Eja, Waldklause, Hilton, alles dobei. Vun der Luffhansa bes zom Müllemer Böötche.

Hein: Ich ben neulich noch me'm Müllemer Böötche gefahre. Do han ich ävver kein Frotteehanddöcher gesinn.

Karl: Nä? Nit mieh? – Ävver die Barlampe, Hein, die mußde deer belore. Klasse, ne? Doför ben ich extra e paarmol en däm kleine Bahnhoffshotel gewäs.

Hein: Die künne sich jo wirklich sinn loße.

Karl: Ich meinen immer, eesch de Beleuchtung brängk et richtige Fluidum.

Hein: Dat stemmp. Ävver en däm Fläscheregal, do dät sich jo en klein Flimmerkeß noch got maache. Ich kenne do e klein Hotel am Tegernsee...

Karl: Got, do spreche mer noch drüvver. – Ävver jetz welle mer de Bar enweihe. Su e paar Sorge erunderspöle.

Hein: Sorge? Häß do Sorge? Beroflich oder gesundheitlich?

Karl: Och, et eß nit einfach, Hein. Unse Jüngste, weißde, veezehn eß hä jetz. – Vör e paar Dag han se'n geschnapp – Ladendiebstahl – en Musikkasett. Vörher sollen et ävver och ald e paar Schallplaate gewäs sin.

Hein: Öm Goddes Welle, dat eß jo schlemm!

Karl: Do kanns meer gläuve, Hein, dä Jung kritt genog Täschegeld. Dä hät dat ganit nüdig. – Do steiht mer einfach verbasert do...

Hein: Jaja, et Fernsehen. Un de Gröne natörlich. – Vörstellunge han die hückzodags. – Ävver Kopp huh, Jung, Haupsaach, meer blieve, wie mer sin, ne?

Op eimol wood et düster

An der feudale Gadepooz vun dä Schmollers ehrer feudale Villa en Rudekirche stund ene Schutzmann un dät op der Kummissär Müllenmeister un op der Inspekter Jaumann wade. »Ben ich fruh, dat Ehr do sid, Här Kummissär«, größten hä, »do drenne eß der Düvel loss.«

Der Müllenmeister griemelten ens höösch. »Wodröm geiht et dann?« frogten hä. »Uns han se gesaht, he wör en Frau üvverfalle un beraub wode.«

»Dat stemmp genau«, nickte der Schutzmann iefrig me'm Kopp. »De Schmollers gevven hück ovend he en ehrem Huus en Feßlichkeit för ganz huh Deere. Die Madam, die se üvverfalle han, heiß Agnes Sudermann. Se wor grad en däm große Wäschraum vör'm Abtrett – Verzeihung –. Op eimol ging üvverall et Leech us. Un en däm Momang hät ehr einer de Brillantehalskett avgeresse. Dat Dinge soll fuffzigdausend Mark gekoß han. Jetz schreit se do drenne eröm un well die dör Kett widderhan.«

»Na«, grinste der Jaumann, »dann loß mer ens lore, wat do zo finge eß. Hät dann vun all dä Lück keiner gesinn, wä do an de Leechschaltere erömgefummelt hät?«

Der Schutzmann winkten av. »Do wor keiner dran, Här Inspekter. Dä, dä dat gedon hät, hät nämlich de Secherung avgeschalt. Dä Secherungskaste eß em Keller, un et do't e paar Minutte, bes mer de Trapp erav eß. Kutt met, ich zeigen Üch dat.«

Koot drop stundte se vör däm offe Zählerkaste, un der Kummissär belo'te sich met Bedaach die Reih vun Secherunge met enem gode Dotzend Schalterhebelcher. »Faß steiht, dat he zwei Lück am Werk wore«, säht hä noh ner koote Wiel. »Dä eine, villeich e Frauminsch, eß hinger der Sudermanns en dä Wäschraum gegange, un dä andere hät em richtigen Augebleck der Strom avgeschaldt.«

»Dann muß dä ävver got Bescheid gewoß han«, meinten der Jaumann. »Su flöck der richtige Secherungsschalter zo finge, dat dürf ganit esu einfach sin, oder nit?«

Der Kummissär weß me'm Kenn noh dänne Secherunge. »Wiesu dann, do steiht doch üvverall dran, wo se bei gehöre. He, dat eß de Wäschmaschin, dat eß de Köch, de Empfangshall, et Trappehuus, de Schlofzemmere, un he der Lokus un der...«

Dem Müllenmeister blevv op eimol de Mul ston, dat der Jaumann ganz verschreck wood. »Wat eß dann, Chef?« frogten hä iggelig.

Der Kummissär zeigte widder op de Secherunge. »Lor deer dat ens genau an, Jupp«, säht hä. »Sühsde nit, dat op alle Schalterhebelcher en finge Stöppschich litt? Bloß dä Schalter för et Leech en der Empfangshall eß bletzeblank. – No, wat kann dat bedügge?«

Der Inspekter trok verbasert de Scholdere huh. »Dä muß jo blank sin, wenn dä Ganov dä angepack hät.«

Der Kummissär verdriehte de Auge un kloppte met der flache Hand vör sing huh Steen. »Do beß doch ene Döskopp, Jaumann«, säht hä met enem deefe Kühm. »Dobei eß grad dat der Bewies doför, dat he nix geraub wode eß. Dat eß ene glatte ›Versicherungsbetrug‹. – No komm, belore mer uns ens de saubere Frau Sudermann!«

Et Agnes Sudermann, en opkladunjelt Frauminsch, hatt de Auge em Wasser ston, wie et die Häre op sich zokumme sohch.

»Alsu, Madam«, säht der Müllenmeister met enem Bleck vun der Sick op ehre Mann. »Mer können et jetz einfach oder ömständlich maache. Einfach wör et, wenn Ehr de Brillantehalskett jetz he op dä Desch läge dät. Ömständlich wör et, wenn ich Üch durchsöke loße mööt. – Na, wie hätt Ehr et dann gän?«

Der Jaumann reß de Auge op. »Ävver Chef«, fispelten hä höösch. »Mer künne doch nit... dat sin doch ganz fing Lück! Wiesu sid Ehr dann esu secher...«

»Weil bloß dä Secherungsschalter för de Empfangshall Greffspore hät«, schnett der Müllenmeister im de avgehackte Wööt av. »Op alle andere litt Stöpp, un domet eß secher, dat die keiner angepack hät. Et Leech ging alsu bloß en der Empfangshall us, ävver nit em Lokus un em Wäschraum. Un de Frau Sudermann hätt dä Mann oder die Frau sinn müsse, wenn se do üvverfalle wode wör – eß dat klor? – Alsu, Madam, ich hoffe, Ehr künnt winnigstens got verleere.«

De Sudermanns bletzte ehre Mann us grön Auge an. »Dat kann ich ald zick bal zwanzig Johr«, kievte se geftig un trok de Kett us ehrem Usschnett, »met su ener Pief, wie mingem Mann, ka'mer jo ganit gewenne.«

Woröm?

> Usgerechnet die,
> die alles han,
> sagen uns immer:
> »Mer muß nit
> alles han.«

Stolz

Op irgendjet eß jeder vun uns stolz. Un dat eß got esu. Denn ene Minsch, dä singe Stolz verlore hät, hät mieh verlore wie ne Püngel Geld en Bad Neuenahr. Ohne Stolz eß der Minsch wie ne Futz am Dom. Denn am Dom trick et, un ne Futz kütt do ganit zo Woot.

Dröm meint et Levven et esu got met uns, dat och der kleine Mann jeden Dag op jet stolz sin kann.

Wodrop de Minsche stolz sin, dat eß ganz verschiede. Dä ein eß op sing Groß stolz un dä andere op singe Partykeller. Widder andere sin stolz op ehre Schrebergade, op ehre Stammbaum, op ehr Auto oder op de Fründin. – Haupsaach stolz! Dat plustert uns op wie ene Luffballong.

Ganz stolz sin ka'mer jo op ene Titel.

Ene Minsch, dä sich demnöhks ene Doktertitel op singe Gravstein meißele loße kann, hät doch e ganz ander Levvensgeföhl. Ald ene ganz einfache Inspekter hivv einer düchtig en de Hüh. Als Professer steiht mer ald met einem Bein en der Göttlichkeit. Oberampmänner han et leich, för die steiht der Stolz en der Deensvörschreff. Eß mer ävver eesch ens ene »Stadtverordnete«, eß der Stolz esu groß wie der Pötzgens Maat.

No gitt et och Minsche, die nit op jet stolz sin. Un grad dodrop sin se widder stolz. Dat eß en Enstellung, die ald ganz noh an der Leistungssport erankütt.

Kootöm, der Minsch muß jet han, wo hä stolz drop sin kann, hä bruch dat einfach. Ov et no der Ühm eß oder et Breefmarkealbum, dä neuen Anzog oder ne selvsgemahten Adventskalender – op jet si'mer all stolz.

Un do künne mer stolz drop sin.

Metgeföhl

Gäge Meddag kom der Wipperich heim un hatt Schüttelfroß. Et wor im kalt. Hä wor am neeße un am hoste un wäge de Kopping am kühme. Hä wor krank. Trotzdäm satz hä sich an der Desch un dät de Murre un de Brotwoosch eravwürge. Wie am Kötche getrocke komen im die widder huh. Der Wipperich wor wirklich ärg schlääch dran. Hä wollt partu nix mieh esse, su dat de Wipperichs hungerig vum Desch opstund, weil ehr och der Appetit vergange wor.

Ävver se daach nit an ehre Schleß. Se daach bloß an ehre ärme Wipperich. Met ehrer ganze Wieverleß braht se in dozo, en et Bett zo kruffe. Se fohlt im an de Steen, die brannt wie Föör – un an de Föß, die wore ieskalt. En ehrer Angs dät se dem Wipperich dubbelte Decke öm de Föß weckele un de Steen met Kölsch Wasser enrieve. Vör Nut hatt se jet vill Kölsch Wasser op de Steen dröppe loße, dat et dem Wipperich en de Auge leef. Dä fing an zo schreie, dät floche un hoste un dann widder hoste un floche. Un wie hä vör Hoste nit mieh richtig floche kunnt, sohch et us, als wenn hä avkratze wollt. Ävver de Wipperichs kannt ehre Mann. Se dät oppasse, un wenn beim Hoste bloß noch »Ver...« eruskom, dät sei »...dammte Dress« sage. Dat dät dem Wipperich got.

Dä Anfall ging vörbei. Schlapp un elend log der Wipperich do. De Wipperichs soß op der Bettkant, heelt sing Hand un dät im jet us dem Stadt-Anzeiger vörlese. Bes dat der Wipperich ehr de Zeidung us der Hand reß un en de Eck schmeß un reef: »Maach, dat do erusküß, do drievs mich jo en der Dud.«

Un de Wipperichs ging. Se hatt sich för disen Ovend en Kaat för et Opernhuus gekauf, denn se wor ärg musikalisch. Ävver se ging nit noh'm Opernhuus. Nä. Se kom bloß bes en de Köch un satz Wasser op, för ene Grog zo maache. Un dann schluffte sei met der Millezing ganz höösch bei dä leeve

Kranke. Der Wipperich drunk ohne zo knottere eine, zwei, drei Grogs – un dann moot de Wipperichs widder Wasser opsetze. Der Wipperich kom fies en et Schweißte, un vör un zonoh feelen im de Auge zo.

E lang Stöck vun der Naach log de Wipperichs nevven im un dät luustere. Se hatt ehr Freud, dat hä immer friedlicher odeme dät. Un et dät nit lang dore, do wor hä ganz gesund am schnarche.

Am andere Morge wor der Wipperich widder op de Bein. Ävver wie hä zom Meddagesse heimkom, soß sing Frau em Sessel wie e Häufge Elend, blass em Geseech un met schwatze Ring öm de Auge. »Pah, wie sühs do dann us!« säht hä. »Ich föhle mich ganit got«, säht de Wipperichs.

»Secher beß do widder ohne Halsdoch erusgegange un häß dich verkält. Dat schad der nix, do lehrsch et och nie. – Ich gläuve, ich bruche ne Schabau!« Un der Wipperich satz sich an der Desch un leet sich Esse un Drinke got schmecke. Hä schmatzte sich buchsattvoll. Dobei feel im ganit op, dat sing Frau do soß un an einer Ääz am erömfisternölle wor. Dann daut hä sich zo nem gemütlliche Nör en de Sofaeck. Donoh schmeß hä sich en der Lack, wor genöglich am fläute un ging erüvver bei sing Frau.

»Och nä, wat han ich för en fiese Kopping!« kühmten de Wipperichs un heelt sich de flache Hand an de Steen. »Kannsde dich nit jet bei mich setze?«

»Wat ene Käu«, säht der Wipperich, »ich kann doch wäge deer ming Skatbröder nit setzeloße. Atschüß, un fläg dich e beßge, dat dat Gejömers ophö't.«

Dann wor der Wipperich fott.

Wie hä gäge ein Uhr des Naaks en et Schlofzemmer schlappte, wor de Wipperichs grad en ene leichte Schlof gefalle. Se wood tirecktemang widder waach, wie der Wipperich met vill Spektakel en et Bett feel. Se fing an zo hoste.

»Lötsch Malzkamelle, zom Deuvel!« reef der Wipperich wödig, »ich kann jo nit enschlofe.«

Un de Wipperichs dät Malzkamelle lötsche. Ävver se moot trotzdäm hoste. Der Wipperich wälzte sich em Bett eröm, sprung op un leef em Zemmer op un av. Dann ranzten hä sing Frau an: »Jetz eß et ävver got, zom Donnerkiel! Ich muß schlofe! Bieß op de Zäng. Stopp deer et Plümo en de Mul!«

Un de Wipperichs stoppte sich et Plümo en der Mungk, dat se bal versteck wör. Ävver su kunnt der Wipperich winnigstens schlofe.

Et eß keiner gekumme

Der Schmitz eß medden op der Stroß zosammegebroche. Dut.

Ne Haufe Lück ston drömeröm un lore, neugeerig un heiß op Sensatiune. Der Autoverkehr brich zosamme. Ene Krankewage kütt un brängk in noh der Leichehall.

Se wade, ov sich einer meldt. Se wade op ene Verwandte, op ene Fründ, ene Bekannte. Drei Dag han se gewadt.

Keiner eß gekumme. Se lägen in en su en Aat Iesschrank. E schudderig Geföhl: Iesschränk för Minsche, die vun alle andere vergesse sin. Veezehn Dag han se gewadt. Un immer noch eß keiner gekumme. Am Nohmeddag brängen se in noh'm Kirchhoff un begraven in – en Fundsaach, die keinem gehö't.

Der Schmitz wor ene Minsch. Hä wor allein en der Stadt.

Die andere hatten in ald lang begrave.

Meddelcher

Gäge Flüh, do gitt et Polver.
För de Stivvele gitt et Wichs.
Gäge Schweißföß gitt et Salve.
Gäge Dommheit gitt et nix.

… UN VUN MINSCHE

En Stadt met Minsche

Gester wor Stroßefeß op der Vringsstroß. De ganze Stroß voll Minsche. Minsche däte sich begähne, blevve ston, medden op der Stroß, däte schwade, laache, Musik höre. Se soße medden op der Stroß un däte drinke, schwade, singe un laache. Puute höppten öm en Sod un däte laache un rofe.

Hück eß alles widder normal op der Vringsstroß. Beide Sigge sin zogepark, Auto an Auto. De Lück kruffen lans de Hüser, un keiner laach. De Luff eß voll Autoradau un Möff.

Bloß en Ahnung bliev vun ener Stadt met Minsche.

Der Meister kütt glich

Et Stüffge wor wärm, un em Kaffeepott
hatt de Meiers ne Gode sich opgeschott.
Su soß se om Sofa, gemötlich un stell
beim Kranz met de Kääze. Die flackerten hell.

Se hoot: Op der Stroß, bei ner Schneiball-
schlaach,
mahte Pänz us dem Veedel Spektakel un Kraach.
Dat wor do e Rofe, e Juhze, en Freud,
wie dat no ens eß, wann zo Kölle et schneit.

Et dorte nit lang met däm Puutegelog,
do gingen der Meiers ehr Schieve zo Broch.
Ne Bums un e Klirre. – Un dann wor et us.
Un müsgestell wor et rund öm et Huus.

De Meiers reß wödig et Finster op
un driehte met glöhndige Auge der Kopp.
Se ahnte, dat nit mieh zo finge wör
dä Lausjung, dä schold wor an däm Malör. –

Do stund vör dem Finster op leddiger Stroß,
wo vörher dat Puutespill noch hatt geros,
ne Köttel met niddergeschlagenem Bleck.
Eh de Meiers jet säht, reef dat Käälche zoröck:

»Deit mer leid, leev Frau, doch su kann et gon,
dat han ich bestemmp nit met Absich gedon.
Ich rofe mi Vatter, dä mäht dat geweß,
weil hä nämlich Glasermeister eß!«

Un flöck öm de Eck flitz dä Klein wie der Bletz.
Do stund no de Meiers. »Wat maachen ich jetz?«
Se schott noch ne heiße Kaffee sich en,
denn fies trok de Kält en et Zemmer eren.

Et schellte. De Meiers ging un maht op.
Verhaftig kom do de Trappen erop
ne Mann met ner Schiev. Dä goy sich glich dran
un fing an dem Finster zo brasselen an.

De Meiers wor platt. Se hatt öntlich Freud
an dem kleine Poosch singer Ihrlichkeit.
Un wäge der Kält kom et ehr en der Senn:
»Däm Mann schödde flöck e Schabäuchen ich en.«

Wie de Schiev soß fass em Finsterverhau,
drunk dä Mann met Genoß dat Gläsge Schabau.
Dann satz hä sich hin met Block un met Steff,
un met Meisterhand hä no de Rechnung schrevv.

»Wat's dat?« reef de Meiers. Ehr Stemm woodt ganz hatt.
»Ehr wört der Vatter, hät dat Krädche gesaht.«
Drop säht dä Mann: »Dat eß schlemm, leev Madam,
meer hät hä versechert, Ehr wört sing Mamm.«

Einfach »Nä«

Bloß ens angenomme,
mer däte
»Nä« sage,
wenn se sage:
»Do muß noh'm Kommiss.«

Bloß ens angenomme,
mer däte
»Nä« sage,
wenn se sage:
»Dä do eß dinge Feind.«

Bloß ens angenomme,
mer däte
»Nä« sage,
wenn se sage:
»Do muß uns verteidige.«

Bloß ens angenomme,
mer däte dat schaffe.
Wer ging dann noch
noh'm Kommiss?
Wer dät die
verteidige?

Bloß ens angenomme,
mer däte
»Nä« sage
för die.
Wo wören die dann?

E got Woot,
dat »Nä«.
Och Jesus
kunnt mänchmol
»Nä« sage.

Immer wigger

    Feerovend
    Stempeluhr
    hungsmöd
    Bahn un Bus voll
    heimkumme
    Mann bütze
    Pänz strichele
    Esse koche
    Ovendesse
    spöle
    Flimmerkeß lore
    Mann bütze
    schlääch schlofe
    Weckerrappele
    Fröhstöck eravwürge
    Bahn un Bus voll
    Stempeluhr
    arbeide
    arbeide
    arbeide
    Kantinefraß
    arbeide
    arbeide
    arbeide
    Feerovend
    Stempeluhr
    hungsmöd
    Bahn un Bus voll
    heimkumme
    Mann bütze
    Pänz strichele
    Esse koche
    Ovendesse
    spöle

Flimmerkeß lore
Mann bütze
schlääch schlofe
Weckerrappele
Fröhstöck eravwürge
Bahn un Bus voll
Stempeluhr
arbeide
arbeide
arbeide
Kantinefraß
arbeide
arbeide
arbeide
Feerovend
Stempeluhr
hungsmöd
Bahn un Bus voll
heimkumme

Ehr meint, dat wööd
jetz bal langwielig?

Dat geiht
veezig Johr esu!

Der Männ oder Moß för Moß

Der Lehmanns Männ, ne Baum vun enem Kääl, wor »Fernfahrer«. Met singem Zwölftonner kunnt hä ömgon wie sing Mamm met de Strecknodele.

Hä soß en ner Weetschaff an der Autobahn un wor en staatse Portiun Brotädäppel am verarbeide.

Met schwere Stivvele komen e paar Motorradrocker op in an un satzten sich bei im an der Desch, ohne jet zo sage. Se wore Käugummi am käue. Met blödem Grinse däte se im eesch de Gaffel verbeege un dann et Esse üvver der Kopp stölpe. –

Ohne jet zo sage, dät der Männ bezahle un ging.

»Dat kann doch nit wohr sin«, feixten einer vun dä Krade, »wat wor dat för en feige Memm!«

Dä Weet, dä dat all vun wiggem metkräge hatt, knotterten erüvver: »Un autofahre kann hä och nit. Wie hä grad lossgefahre eß, hät dä de ganze Motorrädder zo Schrott gewalz.«

Morgemuffel

>Dä »Fortschrett«
>en singem Levve
>kunnt hä dodran
>erkenne,
>dat hä immer späder
>opston durf.
>
>Met zehn Johr,
>för noh der Schull,
>öm veedel op sechs.

Met zweiunzwanzig,
för noh der Arbeit,
öm halver sibbe.
Met dressig öm aach,
– »Gleitzeit«.

Zickdäm hä jetz
kein Arbeit mieh hät,
k a n n hä morgens
nit mieh schlofe.

Gotmödigkeit

Ganz bedröppelt verzallt der Pitter en der Weetschaff singe Fründe: »Vör drei Woche han ich mingem Nohber fuffzig Mark geliehnt. Hä wor immer ne nette Kääl, un ich han im gän us der Nut geholfe. Bloß schad, dat keiner dobei wor. Jetz größ hä nit mieh. Ich han Angs, dat hä mich nit mieh kenne well. Ävver su leich verdeenen ich et jo och nit, dat ich jet zo verschenke hätt.«

Do säht nen alen Ühm, dä met gries Hoore un lestige Auge en ner düstere Eck soß un dä Verzäll met angehoot hatt: »Dann ladt dat Käälche doch zo nem Beer en, he en ding Stammweetschaff. Un wenn all ding Fründe he sin, verzällsde dänne, dat do däm Jung hundert Mark geliehnt hätts.«

»Ävver et woren doch bloß fuffzig«, reef der Pitter ganz opgeräg.

»Genau dat«, säht dä luse ale Mann, »weed dinge Nohber dann och sage. – Un do wolls doch Zeuge han.«

Zweschen de Stöhl

Met fuffzig sitz mer zweschen de Stöhl.

Zoeesch wollt ich mer natörlich en Aachunzwanzigjöhrige anlaache. Ich wollt suzosage met der Jugend widder op Do un Do verkehre.

Et Ingelein dät och tireck zoröcklaache. Un dann schleiften it mich en Kneipe un Discos. En de Kneipe leet ich mich als Opa titeleere, un en de Discos hoot ich Musik, die ich bes dohin bloß för Radau gehalde hatt.

Wie der Ohredokter mer opschrieve dät, dat ich am Dauvwäde wör, un et Ingelein neu engekleidt wor, dät it mer singe Fründ, der Karlheinz, vörstelle. Do wor mi Jugendmoß voll, un ich säht: »Adschüss!«

Dann han ich an der Pooz vun der »Lebensabend-Bewegung« geschellt. Se wore grad e Stöck us dem »Weißen Rössl am Wolfgangsee« am singe.

»Jungen Här, wat wellt Ehr dann bei uns?« frogten mich en flotte »Endsiebzigerin«.

Ich reef: »Metmaache well ich un endlich geborge sin!«

»Dat deit mer leid«, säht die Madam, »ävver mer han he kein Rolle för su en jung Pööschger.«

De Döör feel en et Schloß un ich us alle Wolke. Ich soß medden zwesche Jung un Alt.

Jetz muß ich selvs jet dun.

Ich han en Annongs opgegovve: »Mittlebenskrisling sucht Gruppe zwecks gemeinsamer Bewältigung.« Bei meer melde solle sich ävver bloß echte, kein falsche Fuffziger.

Ungerschied

Dä Arbeitsmann
un dä Schreffsteller
trofe sich
bei enem Glas Wieß
un verzallten sich
vun ehrer Nut.

»Meer«,
säht dä ein,
»weed för de Arbeit,
die ich met minge Häng dun,
zo winnig bezahlt,
winniger
wie ich bruche.«

»Meer«,
säht dä andere,
»weed för de Arbeit,
die ich met mingem Kopp dun,
noch winniger bezahlt.«

»Schad«,
sähten se am Engk,
»dat dä ein
met de Häng
un dä andere
me'm Kopp
arbeit.

Söns künnte mer
do zosamme
gägen angon.«

Der Fädinand

Minge Fründ, der Fädinand, eß dat, wat mer ene typische Deutsche nennt: Hä hät vör allem Angs!

Hä hät Angs vör der Vergangenheit un vör däm, wat jetz eß un wat noch kütt. Hä weed wieß em Geseech, wenn hä an de Russe un de Amis denk, an all de Atombombe un Kraffwerke. Vör Computere, Verkabelunge un Volkszällunge kritt hä der Zidder en de Kneen.

Der Fädinand hät Angs vör dem Levve un, dat eß klor, och Angs vör dem Dud. Vör Fraue eß hä bang, un vör Männer geiht hä laufe. Hä hät Angs öm sing Arbeitsstell un sing Gesundheit, öm si Auto un sing Potenz, öm sing Figur, singe gode Rof un öm sing Kreditfähigkeit.

Ich han in ald beim Gewedder ziddere gesinn un bei de Nachrichte. Wenn et an der Wonnungsdöör schellt, eß hä dutverschreck. Jeden Dag rechnet hä domet, dat hä jet verliert, dat einer enbrich, dat hä de Trapp eravfällt oder dat hä jet Verdorvenes zo esse kritt.

Em Kino hät der Fädinand Platzangs. Wenn hä verreis, hät hä Angs, dat hä nit mieh heimköm, un doheim hät hä Angs, hä künnt nie mieh verreise.

Ens hatt hä sich beim Raseere geschnedde un Angs vör Wundstarrkrampf. Un wie hä jetz vum Zahnarz kom, wor hä bang, hä hätt Aids.

Politiker vun räächs un links maachen in bang. Hä hät Angs öm sing Rente, öm sing Sparzinse un öm sing Hoore, die immer winniger wäde.

Bei ner Fläsch Wing hät hä Angs vör Glykol. Beim Bütze denk hä an Scharlach un beim Bade an Foßpilz.

Bloß vör zovill Angs hät hä kein Angs. Un grad dat sollt hä doch! – Oder?

Fuulenzereie

Ich setzen am Desch
om Trottewar
vör enem kleine
Stroßecafe.
Ich belore de Minsche,
die vörbeigon.
Mänche griemele,
wenn se mich fuul
en der Sonn
setze sinn.

Mänche lore wödig,
als wollten se sage
»Fuulenzer«
oder
»Hungsfott«.
Am Engk
han se uns all
beigebraht,
dat Arbeide eesch
richtige Minsche mäht,
nit
en der Sonn setze,
denke un luustere.

Ävver
ich gläuve secher,
wenn ich froge dät:
»Arbeide,
för wat?«
Se göve mer
zor Antwoot,
se däten dat,
domet se

irgendwann ens
genöglich
en der Sonn setze
un de Frooch
vun ehrem Fließ
geneeße künnte.

Un ich setze
jetz
en der Sonn.

Et blo Blömche

Et ganze Veedel wor noh'm letzte Kreeg neu opgebaut wode. Bloß op einem Grundstöck wore noch de schlemme Nohwihe vum Kreeg zo sinn. Dat ganze Stöck wor vun Unkruck, Gebösch un Brönessele bewahße. Zemlich huh stundte de More met de leddige Finsterlöcher noch. Ävver vun Wind un Rähn wor der Spieß us de Retze gefalle un de Stein wore bröckelig gewode.

Un usgerechnet he wor för de Pänz us der Stroß et reinste Spillparadies. Wie schön wor et doch, he Räuber un Schanditz zo spille! Wann och de Brönessele an de nackige Ärme un Bein schineere däte, störe dät dat die Quös nit.

Eines Dags rosten se widder durch et Gestrüpp. Se hatten ald stundelang erömgetob un woodten langsam möd. Der Schweiß stund inne op der Steen. Se satzten sich en de Rund un üvverlahte, wat se jetz dun sollte.

Der Müllers Heini soß och en der Reih, ävver hä kömmerte sich nit öm dat Schmölzge. Hä lo'ten ald immer noh der ein Mor. Bovven huh stund ganz allein e blo Blömche un schökkelten höösch em Wind hin un her. Müllers Heini wor am üvverläge; hä zerbroch sich der Kopp, wie hä dat Blömche krige künnt.

Op eimol sprung hä op un sook sich ene lange Pohl. Dä wood gäge die Mor gestipp, un die ganze Schwitt stund dröm eröm för faßzohalde. Der Heini krabbelten en Klemmzög an däm Pohl en de Hüh. Wal zwanzig Auge lo'ten vun unge zo, un der Heini rötschten immer wigger. Et ging jetz ald langsamer, immer Stöckche för Stöckche. Jetz hatt hä bloß noch e klein Engk bes zom Blömche, dat esu treu un blo en der Himmel leuchte dät.

Der Heini heelt sich am Engk vum Pohl gepack un trok sich langsam huh. – – Un do fing et an. Et knacksten en de Retze un fing an zo risele, zo rötsche un zo schöckele. Eesch ganz leis, dann mieh un lauter. Et fing an zo falle un zo boldere – – un em Rüppche wor alles vörbei. – –

Dat ganze Schmölzge wor stifte gegange un en de Brönessele gekaasch. – Wie de Stöppwolk vertrocke wor, goven se sich höösch un bang dran, de Stein un et Geröll fottzoräume. – – Un do log der Heini. – Wor hä dut? – Nä, et Hätz schlog noch – un hä dät och noch odeme. – –

Dat wor ene schreckliche Dag gewäs för de ganze Stroß un et ganze Veedel. – E paar Knoche hatt der Heini gebroche gehatt, un hä wor si Levve lang ene Kröppel geblevve. –

Wie der Heini, trotzdäm op Johre gekumme, et Levve loße moot, fung sich en singem Kommödche e klei Heff met vör Alder gäl gewode Blädder. Do hatt der Heini stellches Verzällcher geschrevve, wal met ungescheckte Wööt un krakeliger Schreff, ävver met vill Hätz un Gemöt. Et schönste vun dä Verzällcher heesch: »Et blo Blömche«.

Vun Leid un Dud

»Grad hatt ich im noch en Taß Kaffee an et Bett gebraht«, säht die Frau met Trone en de Auge, »et ging im jet besser. Un wie ich vum Enkaufe kom, wor hä dut. – Un hä wor noch esu jung!«

Jeden Dag, jede Stund, em kleine Dörp un en der Stadt, en Spidöler un Heime, en Schlösser un Hingerzemmere oder irgendwo an der Stroß en der Sod: Minsche, die en deefster Nut ehr Geseech en de Häng vergrave, die vum Leid zerquetsch betterlich kriesche üvver der Dud, dä nit opzohalden eß un dä se nit verston.

Woröm die Ping? Woröm dä Schlaganfall? Woröm dä Krebs? Woröm dat entstellte Geseech? Woröm dat Unglöck, dat mer nit mieh gon kann? Woröm en de beste Levvensjohre ömkumme? Woröm ... woröm ... woröm?

Wohin geiht die Frog? An de Wissenschaff? Die weiß esu vill, un bes op et kleinste weed se der Saach vum Levve un Sterve op der Grund gon. Ävver wat fängk mer met su ener Antwoot an?

Wann ich an de Dude denke un an minge eige Dud un an dat, wat Unschöldige ligge müsse, dann ston ich vör nem Rötsel, wat ich nit lüse kann, dann stüssen ich op e Geheimnis, wo ich nit hingerkumme. Dann kann ich mer vörnemme, et zo vergesse oder nit wiggerzodenke oder einfach su zo dun als wann et nit do wör.

Sulang ich ävver bei Verstand ben un e Hätz em Liev han, weed et mer nohlaufe. Un wann dann de Stund kütt, wo ich selvs eren muß en de Naach, die Leid un Dud heiß, bliev mer nix anderes mieh, als et zo nemme, wie et eß.

Ich mööch ligge, en der Stund künnt ich bedde, künnt dem Herrgott zorofe: »Woröm häß do die Leechter usgeblose, die do selver angemaht häß?«

Un ich ben secher, dann kann ich me'm Hätz mieh verston,
wie ich me'm Verstand klor maache kann.

Der Herrgott eß et »Gän han«. Hä liet uns nit falle, hä hält uns
faß: Mer solle sterve, dat mer donoh levve künne em »Gän
han«, wat nie ophö't.

Ömesöns

Ich well üch warne vör der Kält,
die en der Minschewelt op uns eravkütt
un en der Minsche su hatt wäde.
Minsche, die ganz allein sin
en der dröve Einsamkeit unger Minsche,
wie Omese en volle Enkaufshüser,
op Stroße, en Bahne un Busse,
en Wonnblocks met fuffzehn Etage.
Minsche ohne Geseech un ohne Hätz.

Mer sin all openander angewese
em Esse, en de Klamotte, em Wonne,
em Stroßeverkehr, em Urlaubmaache,
en allem, wat mer
met »Bezahle« krige kann.

Ävver noch mieh si'mer openander angewese
en unsem Glöck.
Do eß met »Geld« nix mieh zo maache.
Glöck hät met »Hätz« jet zo dun,
met »Gän han« –
un dat gitt et bloß
ömesöns.

Maach der Clown

Wann do em Levve ens Sieletrus bruchs,
versök e beßge,
ne Clown nohzomaache,
dä en sich erenkriesch
un doch laach,
wann hä för e Kind op der Vijelin spillt,
un esu
vun singe Sieletrone geheilt weed.

Sing met!

Dat Leedche, wat ding Mamm deer sung,
dat kom vun Hätze, leeve Jung.
Dröm sing et met!

Wie do noch wors ne kleine Fant,
heelt met nem Leedche sei ding Hand.
Dröm sing et met!

Moots schullegon, de Mamm dich braht,
hät met nem Leed deer Mot gemaht.
Dröm sing et met!

Un wors do krank, koms nit en Schlof,
der Mamm ehr Leed dann Trus deer gov.
Dröm sing et met!

Jetz beß do Mann, et sin ganz wick
die Leeder us der Kinderzick.
Sing se doch met!

De Mamm singk jetz nit mieh för dich.
Se singk för sich em Herrgottsrich.
Sing endlich met!

Eimol weed et sin

Eimol weed alles öm mich dus un fing.
De fruhe Auge wäde schlofe müsse,
nix mieh vun Sonn un vun de Blome wesse,
vun Stänenäächte un vum Mondesching.

Et Hätz weed nit mieh kloppe staats un wärm
un alles, wat et gän hatt, en sich schleeße.
Doch weed et Levve wigger ruusche, fleeße...
ei Blatt, wat fällt, dat mäht der Bösch nit ärm.

Zwei Keßger

Et Geheimnis vum Levve
un et Geheimnis vum Dud
sin en zwei Keßger engeschlosse.
Un en jedem Keßge litt
der Schlössel vum andere.

Welke Kränz

Jetz ston ich he, leev Mamm, an dingem Grav.
De Blome un de Kränz sin welk gewode.
Et Schlecke geiht noch immer drüg erav.
Et Hätz deit dingem Kind och jetz noch blode.

Ich han e Lämpche för dich metgebraht.
För dich allein soll he dat Flämmche brenne.
Dat do ding Häng för immer hingelaht,
do kann ich mich bes hück nit dran gewenne.

Mi Vatter

Ärg gän wor hä ne fingen Här
met Hot un Schlips un Krage,
bedaach drop, dat se vun im all
nor Godes kunnte sage.

Hä wor noch vun däm ale Schlag
un dät noch »Deener« maache
vör'm Dokter, Chef un vör'm Pastur.
Im wor dat nit zom Laache.

Hä wor noch fründlich för de Lück
un meinte dat grundihrlich.
Un feel ens einer us der Roll,
blevv hä doch respekteerlich.

Bes hä op einer hatt ne Peck,
do moot et schlemm ald kumme.
Wann hä en Undaug hatt gemerk,
kunnt hä gefährlich brumme.

Hä eß nit mieh, litt bei der Mamm.
Dat »Dubbelbett«, dat äde,
dat hält se faß jetz beienein. –
»Här, loß se sillig wäde!«

Dun jet för di Geseech

Vergeß nit, dat di Geseech
för die andere do eß,
dat die andere et belore müsse
un dat nix esu widderlich eß,
wie stundelang un dagelang
e möffig, langgetrocke Geseech zo sinn.
Di Geseech eß
mieh wie ene schöne Givvel,
mieh wie e Reklamescheld,
mieh wie en Visitekaat.

Dun jet för di Geseech,
nit bloß wäge deer selvs,
dat do dich selvs em Spegel schön fings.
Dun jet för die andere.
Dobei hilf et deer ävver ganit,
Cremcher enzorieve,
Augebraue zo roppe un nohzomole,
schwatze Färv op de Wimpere zo bööschte
un Lidschatte opzodrage.

Dun jet för di Geseech
vun ennen erus:
Läg Fruhsenn en de Auge,
loß se leuchte.
Dun me'm Mungk löstig griemele.
Maach einfach e fründlich Geseech.
Dat geiht, wann do Huusputz mähs,
Huusputz en dinger Siel:
Usfäge, wo der Wurm dren eß,
fotträume, wat genöttelt un geknottert weed.
Wat hät dä Krom met dingem Glöck zo dun?
Gevv et dran, dinge Ärger
jeden Dag widderzokäue.

Zeig et schönste Geseech, wat do häß,
et beste un fründlichste.
Et weed keinem schwerfalle,
dich gän zo han.

Parkuhr en der Sonn

Ich laufe nit iwig op der Welt eröm. Zwesche der Iwigkeit vör mingem eeschte Krieh un der Iwigkeit noh mingem letzte Kühm han ich akurat ming Zick, för he op däm kleine Stän zo parke. Ich han ming Parkuhr, un ich kann dä Zeiger nit zoröckstelle. Ich kann kei Geld en ming Parkuhr steche, domet se länger läuf. Et gitt keine Biamte, dä do jet för mich dun kann.

Mi Levve eß wie minge Name, dä ich en der Sand schrieve: E klei Windche, un hä eß widder fott.

Wat deit mer do?

Dat eine eß secher: Nit der Kopp hange loße. Et beß deit mer en der Sonn parke, nit em Schatte vun Kühm un Brassel un en der Sod vun miese Sorge.

Jede Dag schön maache. Sich vun Hätze freue üvver et Leech, üvver et »Gän han«, üvver god Minsche un schön Saache. Fründlich un nett sin för dä ale Mann, dä weiß, dat sing Parkuhr bal avgelaufen eß, för dä Kranke oder dä, dä sich selver nit mieh helfe kann, un för all die andere ärm Söck, die vum Levve bedroge sin, weil se kein Parkuhr en der Sonn mieh gefunge han. Dänne un alle Minsche öm mich eröm jede Dag schön maache. Mieh bruchen ich eigentlich nit zo dun. Bloß wesse, dat jede Dag der Anfang vum Reß op der Parkuhr eß.

Dat eß meer genog

Ich han zwei Auge,
dörer wie Diamante.
Ich han minge Mungk,
för zo fläute un zo singe.
Ich han ming Gesundheit,
die eß nit zo bezahle.

Här, dat eß meer genog.

Ich han de Sonn am Himmel
un e Daach üvver'm Kopp.
Ich han Arbeit för ming Häng.
Ich han 'ne gedeckte Desch,
för zo esse un zo drinke,
un ich han Minsche,
die ich gän han kann.

Här, dat eß meer genog.

Me'm Hätz doheim

Do kanns nit levve, wann do keiner häß, dä dich mag, dä sich Sorge öm dich mäht, dä jet för dich üvverig hät, einer, däm do av un an di Hätz usschödde kanns un bei däm do immer gän gesinn beß. Do küß met vill Minsche beienein en dingem Levve, ävver et sin bloß winnige, die richtig en di Levve erenkumme, die met dingem eige Levve su zosammewahße wie en ener gode Famillich. Do kanns mer gläuve: Et kann der nix Besseres passeere, als wann dat leev Minsche sin, Minsche, bei dänne do got opgehovve beß, bei dänne do met dingem Hätz doheim sin kanns.

Ohne su en Minsche öm dich eröm weed di Levve dröv, do kanns et kaum noch drage. Wie schudderig muß et sin, wann

et en dingem Levve nit eine Minsch gitt, dä dich, ohne noh jet
zo froge, met offe Ärme opnimmp!

Un doch gitt et ungezallte, die keiner mieh han, keiner, dä sich
met inne avgevve well, keiner, dä inne e Stöckche Hätz op-
maache well. Och dänne ehr Hätze han ehr Sorge, och dänne
ehr Hätze bruchen e beßge Geföhl, dat wärm mäht, e beßge
Verständnis un Entgägekumme.

Puute, die dat Geföhl vun enem wärme Hätz nie erläv han, sin
för ehr Levve gezeichnet. De Heime sin voll dovun un späder
dann och de Gefängnisse.

Woröm eigentlich nit?

    Ich gläuven an ene neuen Anfang,
    wenn jede Zaldat,
    egal, wo hä em Dreck litt,
    sing Waffe op de Äd läht
    un singem Feind erüvverröf:
    »Minsch, ich han dich doch gän.
    Ich well deer doch ganix dun,
    do häß meer doch och nix gedon!«

    Ich gläuven an ene neuen Anfang,
    wenn schwerriche Lück
    sich schamme öm dat, wat se han,
    wenn se Maach un Geld vergesse,
    bei de Ärme gon un sage:
    »Minsch, ich han dich doch gän.
    Vergevv et meer,
    wenn ich zovill för mich genomme han.
    Ich well mich bei deer an der Desch setze,
    mi Brut un minge Wing met deer deile
    met Blome un en Fredde.
    Loß mer uns en de Sonn setze.«

Ich gläuven an ene neuen Anfang,
an dat Wunder,
dat en jedem Huus, en jeder Stroß
dä ein för dä andere säht:
»Minsch, ich han dich doch gän.
Ich well kein had Wööt mieh sage,
well mi Hätz opmaache
un deer ming Fründschaff schenke.«

Ich gläuve dat un freue mich drop.

Gangk en der Bösch

Do fährs Auto,
immer wigger, immer flöcker,
Halt doch ens an,
steig doch ens us.
Gangk en der Bösch.

Do qualms ein Zigarett noh der andere
en der Weetschaff, bei Beer un Radau.
Komm doch ens erus,
eh do ganz verdrüg un geräuchert beß.
Gangk en der Bösch.

Dinge Kalender eß voll Termine,
do hetz vum eine noh'm andere,
beß engespannt
en ding Welt vun Saache,
die üvverdrevve un ganit nüdig sin.
Vergeß et.
Gangk en der Bösch.

Em Bösch waden de Bäum op dich.
Stämmige Bäum, die nix sage,
die stell sin un vum Saff levve,
dä bes en de hühkste Spetze
un de letzte Blättcher krüff.
Do singen de Vügel för dich,
un do kanns inne zohöre.
Do fings Rauh un Fredde,
wie mer et nit beschrieve kann.

Gangk en der Bösch,
eh do Magegeschwüre kriß.
Läg dich unger ene Baum.
Do kumme deer de beste Gedanke,
un do kanns dräume.
Do vergiß ding Probleme,
die do en dinge veer Wäng häß.

Gangk en der Bösch!

Do sähs: Wenn ich dat doch bloß künnt!
Un ich sage: Do beß jo ald ungerwägs!

Vun Puute un Große

Sag, häß do noch nie gemerk,
dat Puute sich off ärg wundere
üvver dä Seiver vun de Große?
Wenn große Lück sich ungerhalde,
schwaden se off vun Zahle.
Wenn se einer kennelehre,

frogen se, wievill dä hät,
wat hä verdeent,
ov hä ne Titel hät
un met wäm hä all klüngelt.
Wenn et öm e Huus geiht,
sagen se bloß: »en halve Million«,
un dann steiht et ald vör inne.
Se wesse tireck, wat dat för e Huus eß.

Wenn mer Puute jet vun enem Fründ verzällt,
dann frogen se: »Sammelt dä Breefmarke?
Kann dä op de Fingere fläute?
Ka'mer met däm Foßball spille?«
Wenn et öm e Huus geiht,
frogen se noh der Färv,
noh de Blome an de Finstere.
Se frogen och:
»Setzen do Duuve om Daach?
Eß do ene Gade drömeröm,
wo mer spille kann?
Gitt et do och en Katz ov ene Hungk?«

Wenn Puute dobei kumme,
kritt alles e fresch Geseech
voll Färv un voll Levve.
Do verston große Lück nix vun.
Se sin no eimol esu.
Se schwade vum Verdeene
un halde immer ehre Kühm öm Geld.

Un doröm müsse Puute
vill Gedold han
met de Große.

Hungsgedanke

Eigentlich wollt ich meer jo enen Hungk anschaffe. Ich han Hüng gän. Hüng han su jet Eigenes an sich. Met enem Hungk ka'mer noch wie met enem richtige Minsch ömgon. Hüng gon met einem spazeere, wohin mer well. Hüng freue sich noch, wa'mer kütt, egal, wie mer ussüht. Andere freue sich bloß, wa'mer geiht. – Wie gesaht, eigentlich wollt ich meer enen Hungk anschaffe.

Op der ander Sick: Hüng sin hückzodags jo su etableet. Eeschtens bruchen se ald ens jet för anzodun. Wann e »Tief« angesaht eß, ka'mer se jo nit got ohne Rähnmäntelche erömlaufe loße, och wann se dat nit usdröcklich verlange. Un dann hät ene moderne Hungk Ansproch op ene staatse Service.

Ene Pudel, dä jet op sich hält, well ald us Prestige veermol em Mond noh'm Frisör. Bloß ene Sozialhungk läuf hück noch ungekämmp üvver de Stroß. Vun Pekinese han ich gehoot, dat se naaks sugar met Lockeröllcher schlofe.

Ganz dovun avgesinn, wat Hüng hück för en Ernährungsanspröch han. Mondags en Dos met Levver-Lung-Milz-Frikassee, diensdags en Büchs met Firkes-Reh-Fasan-Ohße-Gemölsch, mettwochs e Dösge met ener Hirsch-Päd-Kalv-Kamel-Kombinatiun. Un esu geiht dat wigger. Alles vun su nem Fernseh-Zoo-Kääl vörgekoch un met Vitamin F, Q un T genau hüngchensmoß op Kalorie gebraht.

Ävver och psychisch well su ene Hungk hückzodags betreut wäde. Wann der Fiffi drei Dag nit mieh us voller Bruß me'm Stätz gewibbelt hät oder e Tönche deefer bellt, kann hä verlange, dat mer met im noh'm Hungspsychiater geiht.

Dä analyseet dann, för 50 Mark de Stund, woröm dat ärm Deer su unglöcklich eß. Villeich sollt et Hungszemmer op der Südsick lige. Oder dat leeve Deer mööch gän veermol am Dag e Stündche gestrichelt wäde. Wa'mer nit grad ohne Arbeit eß, ka'mer dat jo ald ganit.

Natörlich müsse Hüng hückzodags och ehren Urlaub han.
Em Summer villeich noh Ibiza wäge dem gesunde Meerwasser. Oder em Hervs noh Davos wäge der gode bleifreie Luff.

Zom Gebootsdag wadt ene moderne Hungk op e Geschenk.
En Zweitfrisur oder e Halsband met jet Diamantebesatz. –

Nä, keine Hungk well hück mieh levve wie ene Hungk. Un wer singem Hungk wirklich gevve well, wat hä bruch, dä muß ald sing Hundertdausend em Johr verdeene.

Eigentlich wollt ich meer jo enen Hungk anschaffe. Ävver weßt ehr wat? – Ich kaufe meer leever ene Wellensittich.

Am Neppeser Bahnhoff

Fröher dät et off passeere, dat de Höhner ehr Eier »verläge« däte. Su heesch dat, wann de Höhner frei erömleefe un de Eier an Plaaze lahte, wo se kei Minsch finge kunnt. Dät se doch ens einer finge, dann wore de Eier meeschtens ald fuul. Un irgendwann en de schwere Johre noh'm letzte Kreeg hatten e paar Lausjunge vun zehn, zwölf Johr am Bahndamm en der Nöh vum Neppeser Bahnhoff e ganz Neß met »verlahte« Eier gefunge. Sulang de Schal zo wor, kunnt mer nix ruche, ävver die Eier wore bestemmp ärg fuul. No soßen se am Bahndamm un woren am berode, wat se domet anfange künnte.

Einer meinte: »Am beste beim Henrichs Marieche verselvere.« Et Henrichs Marieche wor en al Juffer un hatt – nit wick vum Bahnhoff – e Botter-Eier-Kies-Krömche. »Et Marieche gitt uns secher e paar Mark för die schön Eier, wo mer se söns ohne Marke ganit kritt.« Et wor noch die Zick, wo mer met Geld allein nix kaufe kunnt, mer moot Marke han vun der Lebensmittelkaat.

Ävver dä Vörschlag wor nix, dat wor zo riskant. Denn et Marieche hätt jo gewoß, wer die Eier gelivvert hatt, un wenn sich ene Kunde üvver die secher fuul War beschwere dät, wören se ganz flöck de Domme bei däm Spill.

Medden en däm Hin un Her vun Üvverläge kom om Bahndamm der Zofall erangeschnuf. Denn grad en däm Augenbleck leef der Personezog Nüüß-Kölle en. Der Lokföhrer hatt ald schwer gebrems, domet dä Zog langsam em Neppeser Bahnhoff uslaufe sollt. En der offe Döör vum Packwage stund met breide Bein der Zogföhrer un hatt de Häng om Rögge. Wie en Zielpopp en ner Kirmesbud! Un wie die Krädcher in do su ston sohche, leefe se nevve däm Zog her un reefe: »Wat eß? Solle mer Üch e paar Eier eropschmieße?«

Natörlich daach dä Zogföhrer sich nix dobei. Wie sollte die Pänz wal an dör Eier kumme? En Koßbarkeit hückzodags. Hä gringte breit un reef vun bovven erav: »Dann loht ens gon!«

Em Rüppche flogen im die Eier öm de Ohre, dat et richtig klatsche un patsche dät. E paar floge knapp vörbei, ävver et gov och en Reih Volltreffer.

Do leever Gott, wie sohch dä Zogföhrer us, wie dä Zog en Neppes zom Ston kom. De Mötz verklätsch un vun der blo Uniform dröppten et gäl un zieh erav. Ein Aug wor ganz verkleistert. Ävver am schlemmste wor dä Gestank. Dä ärme Zogföhrer stund medden en ner Stinkwolk vun fuul Eier. Der Bahnhoffsvörsteher kunnt im grad noch dat Gäle us dem Geseech wäsche, do kom ald dat Fläutche för »Freie Fahrt«. Dä Zog moot wigger. Zom Trus reef dä Bahnhoffsvörsteher däm beklätschte Zogföhrer noh, die Krade kräge noch ehr Fett. Hä hätt dat Spill am Bahndamm vun wiggem gesinn un zwei vun dä Pööschger dät hä kenne. Dä ein wör der Jung vum Schnieder Massenkeil un däm andere si Vatter wör met im em Kirchechor.

Et dorte ganit lang, do sohch dä Bahnhoffsvörsteher dat Trüppchen op der Bahnhoff angeschlapp kumme. Do mooten se lans, wenn se keine wiggen Ömwäg maache wollte, för heim zo gon.

Natörlich däten se su, als hätten se nie em Levve jet met fuul Eier zo dun gehatt. Se wore friedlich wie de Lämmcher un däte noh Steincher tredde. Ävver wie se am Bahnhoff ankome, stund op eimol, wie ene Baum, dä Bahnhoffsvörsteher vör inne un frogten: »Hatt ehr evvens dä Zogföhrer met fuul Eier beschmesse?« No leete die Käälcher vör däm große, breide Mann de Köpp hange un däte benaut ehr Schohnspetze belore.

Un do hatt et gekläpp. Met lauter, deefer Stemm raselten dä Biamte e Donnerwedder op dat Trüppchen erav. Hä trok vum Ledder, wat et Zeug heelt, bes im langsam de Looch usging. Un wie die Krädcher stief, met blasse Geseechter un drüge Häls do stundte, stumm wie de Fesch, frogten hä wödig: »Wat denkt ehr üch eigentlich bei sujet? Dat ka'mer doch nit maache!«

Do blinkten et Emmerlings Hermännche, der kleinste vun dä Ströpp, dä Bahnhoffsvörsteher met enem Engelsgriemelen an un säht: »Woröm nit? Mer han in doch gefrog!«

Am Bettche

Leev Jüngelche, hör mich an. Jetz, wo do schliefs, jetz, wo do ding klein Fuuß unger et räächte Bäckche gedaut häß un dat schwatze Löckche an dinger feuchte Steen kläv, jetz muß ich deer dat he sage.

Em Düstere han ich mich an di Bettche geschleche, ganz allein. Vör e paar Minutte soß ich em Sessel, em Wonnzemmer, wo ich immer setze. Do kom e ganz eige Geföhl üvver mich. Ich moot erüvverkumme un deer sage, dat et meer leid deit.

Leeve Jung, hör mich an, wat ich gedaach han: Ich wor schlääch gesennt un ben ganit nett met deer ömgegange. Ich han dich geschant, weil do hück morge, beim Antrecke för de Schull, bloß ens me'm Handdochzibbel durch di Geseech getupp häß. Ich han geknottert, weil do ding Schohn nit geputz hatts. Ich han dich angeblose, wie deer ding Schullsaache op de Äd gefalle sin.

Beim Fröhstöck han ich geknottert, weil do geschlabbert häß. Et hät meer nit gefalle, wie do di Brütche iggelich eravgewürg häß. Un do hatts de Elleboge om Desch lige, wat sich nit gehö't. Un wie mer fottgingke, do noh der Schull un ich noh der Arbeit, do häß do dich erömgedrieht, häß meer gewunke un gelaach un häß gerofe: »Tschüss Papa!« Un ich han de Steen en Falde getrocke un zoröckgerofe: »Schluff nit esu un halt dich grad!«

Am späte Nohmeddag fing et dann vun neuem an. Wie ich de Stroß eravkom, sohch ich dich op de Kneen lige un met Ömmere spille. Ding Strümp hatten Löcher, un ding Schohnspetze wore verkratz. Ich han dich vör dinge Fründe blameet un dich vör meer her noh Huus tippele loße. »Strümp un Schohn sin dör; wenn do die selver kaufe mööts, däts do dich mieh domet en aach nemme!« Denk ens, dat hät dinge Vatter gesaht!

Un weiß do noch, wie ich späder hinger der Zeidung soß? Do koms en et Wonnzemmer, höösch un bang. Ärgerlich han ich üvver de Zeidung gelo't, weil do mich gestö't hatts, un do blevvs en der Döör ston. »Wat wellsde?« han ich dich angefauch.

Do häß nix gesaht, koms einfach op mich zogelaufe, feels meer öm der Hals un govs meer ene Butz. Met dinge kleine Ärme häß do mich su faß gedröck, met su vill Hätzlichkeit, die och dodurch nit winniger wood, dat ich dich su links lige geloße han. Dann worsde widder fott, un ich hoot dich op de bläcke Fößger en di Zemmer tappe.

Su wor dat, leev Jüngelche. Koot donoh rötschte meer de Zeidung us de Häng, un dat eige Geföhl kom üvver mich. Wat hät de Gewende do us meer gemaht? De Gewende, dich zo schänge un zo trakteere, dat wor minge Dank doför, dat do ene Jung beß. Nit, dat ich dich nit immer gän gehatt hätt; ävver ich han vill zo vill vun dingem Kindersielche verlangk. Ich han dich met dem Moß vun minge eige Johre gemesse.

Un dobei eß su vill Godes un Schönes un Wohres en dinger Siel. Di klei Hätz eß esu groß un wick wie de Sonn am klore Morgehimmel. Dröm kunnts do, ohne jet zo sage, bei mich erenlaufe un meer zor gode Naach ene Butz gevve. Nix andersch gilt hück ovend mieh, leeve Jung. Ich ben em Düstere an di Bettche gekumme un schamme mich.

Dat eß bloß ene kleine Anlauf, et widder gotzomaache. Ich weiß, do däts dat all nit verston, wann ich et deer am Dag verzälle dät. Ävver morge well ich för dich ene richtige Vatter sin. Ich well dinge Kamerad sin un ligge, wann do licks, laache, wann do laachs. Ich well meer op de Zung bieße, wann widder ungedöldige Wööt kumme. Ich well et meer immer widder vörsage, wie ne Sproch: »Et eß bloß ene Jung, ne kleine Jung.«

Ich gläuve, ich han dich wie ne Große behandelt. Ävver wann ich dich jetz su anlore, leev Jüngelche, zosammegekuschelt en dingem Bettche un deef am schlofe, dann sinn ich, wie klein do noch beß.

Hatt nit eesch gester ding Mamm dich en de Ärme gehalde, di Köppche an ehrer Scholder? – Ich han zo vill verlangk, vill zo vill.

Qualm

Alsu, för der letzte Sondag hatt ich meer vörgenomme, et Rauche dranzogevve. Ich wollt et doch och ens probeere, wat su vill andere schaffe.

Ich kann üch sage, vör Oprägung wood ich ald gäge fünf Uhr waach. Un dann han ich, bes op en klein Meddagspaus, zehn Stund lang em Sessel gesesse un vör mich hingelo't, wie e krank Deer. – Ävver ohne zo rauche!

Un an einem Stöck moot ich denke: Leever Gott, ich rauche nit! –

Am späte Nohmeddag, wie der Verkehr en der Stadt su richtig en Gang kom un de Autos all ehre Möff verdeilten, wor ich total geschaff. Ich moot erus an de Luff. –

Un dann han ich ganz gierig, beinoh ald süchtig, de Großstadtluff engeodemp. Immer widder un wie ne Verdötschte han ich de Großstadtluff gesoffe! –

Wie et meer ganz flau un plümerant wood, do han ich dat beinoh esu genosse wie fröher et Rauche.

Zickdäm qualmen ich widder, wie ene Schlot. – Un ich loße meer vun keinem mieh de Großstadtluff miesmaache!

Fraulück noh vören

De Gröne han et uns vörgemaht: Fraulück noh vören! De Kääls zoröck en et zweite Glidd! Ich ben och doför.

Ich freue mich op en Frau Bundeskanzler un op en Frau Außenministerin un op die Generalinne vun der Hardthöhe.

> Fraue solle kommandeere,
> dat de Männer nit marscheere.

Der iwige Fredde köm üvverall en de Welt un wör ganz noh bei uns.

En Frau als Chef eß immer ne Gewenn. Chef-Kääls muffele ohne Charme durch de Betriebe. Fraulück, die jet zo sage han, sin för e fründlich Männergeseech, för et Döörophalde ov för ne Blomestruuß empfänglich. Ich als Mann han nix dogäge, wann mich en Internistin ungersök. En Meisterin soll minge Kamin fäge, un en Frau soll ming Spölmaschin repareere, die noch immer kapott eß, nohdäm ald sechsmol ne Kääl donoh gelo't hät.

Woröm müsse Männer de Stroß kehre, Type, die ald us Traditiun jedem Dreck us dem Wäg gon? Woröm hät de Stadt ene Oberbürgermeister, wann he mieh Bürgerinne wie Bürger wonne? Muß dann immer bloß ne Baat hinger dem Schalter Nummer Eins em Poßamp setze?

Männer han et Sage em Autogewerbe, laufen als Fööschter durch der Bösch un drage de Särg noh de Gräver. Künne die dat wirklich besser als die zaatere Häng, die ald lang drop wade, richtig zozopacke?

Ich verlange ganit, dat de Helderolle en der Oper vun Fraulück üvvernomme wäde. Ävver am Pültche vum Gözenichorchester eß en Frau ald lang fällig. Minge Kunsgenoss wör vill größer, wann do e Weech met wallende Locke un eleganter Sprungtechnik der Tackstock schwenke dät, anstatt su ne Stockfesch met ener Pläät.

Kootöm, de Fraulück sollten et vun jetz an dun!

An der Stell lo't mer ming Frau üvver de Scholder un säht: »Alles schön un got, ävver ich traue dä Wiever nit.«

»Woröm dann nit, Draudche?« frogen ich.

Dodrop meint se: »Weil ald vill zo vill wie Männer gewode sin.«

Dä Breef noh China

Wat ene Luffpoßbreef noh China koß, wesse bloß ganz winnige Lück. Ich ben eine vun dänne, die dat nit wesse. Un doröm ben ich neulich noh der Poß gegange, för ens zo froge.

No eß et egal, wann ich noh der Poß gon, immer sin ald ene Haufe Lück vör meer do.

Ich han mich alsu en de Reih gestallt un, öm mer de Zick zo verdrieve, de Lück gezallt, die vör meer stundte. Et wore fuffzehn. Derwiel hatt sich einer hinger mich gestallt, un su wor ich suzosage ald vörgeröck, ich wor nit mieh der Letzte.

Wie ich mich widder erömdriehte, han ich widder de Lück vör meer gezallt, villeich woren et jo bloß noch veezehn. Nä, et woren sechzehn. Die Frau vör meer hatt Gesellschaff kräge. Ene Mann, dä nevven ehr stund, wor met ehr am schwade un dät esu, als wann hä widder gon wollt. Ävver su noh un noh daut hä sich en de Reih un stund dann vör meer.

Üvver dat Spill han ich mich jo jet opgeräg. Richtig geärgert han ich mich üvver de Poß. Bei däm Betrieb hätten se doch dä Schalter nevvenan opmaache künne. Ävver do stund e Scheld »Geschlossen«.

Ich daach bei meer, dat mer sich dodrüvver bei der Poßdirektiun beschwere mööt. Un wie ich mich erömdriehte, för dä Mann hinger meer zo froge, wat hä dozo meine dät, leef dä grad fott.

Hä leef noh däm geschlosse Schalter, dat Scheld »Geschlossen« wood grad fottgedon. Dä Mann, dä vörher hinger meer stund, dät ald sing Freimarke kaufe.

Och andere Lück us minger Reih sprungen av un stundten jetz vör däm andere Schalter.

Soll ich och schnell? – Oder soll ich nit?

Wievill Lück sin he un wievill do?

Ich blieve leever he.

Nä, ich gon doch flöck erüvver, eh et zo spät eß.

Un ich han dä Sprung riskeet.

En der neu Reih wore jetz bloß noch sibbe Lück vör meer. En der al Reih wören et immerhin noch aach gewäs, ich han se nohgezallt.

Ävver komisch: Drüvven en der Reih ging et op eimol zemlich flöck. De Lück däte bloß ein Breefmark verlange oder sujet.

En minger neu Reih stundten se all met vill Papeer un Hefte un haufewies Geld en de Häng. Dä Biamte dät schrieve un stempele un schwade un froge un klormaache un Geld zälle un dann widder schrieve un stempele. Dä, dä en der al Reih evvens noch vör meer stund, wor jetz ald am Schalter, un ich hatt noch veer Lück vör meer.

Endlich – ich hatt ald en halv Stund do erömgestande – wor minge Vordermann met singem ömständliche Krom fädig. Do säht dä Biamte: »Ich komme gleich wieder«, un ging fott.

Hä dät ene Kolleg anquatsche un däm jet zeige. Un dodrüvver woren se, wie ich sinn kunnt, nit einer Meinung. Un dann gingen se beids durch en Döör.

»Ich komme gleich wieder«, hatt hä gesaht. Dat kennen ich. Dat do't dann gewöhnlich noch en halv Stund. Un ich sollt he su lang wade, bloß för zo froge, wat ene Luffpoßbreef noh China koß? Un dat, wo ich ald suvill Zick met Wade verplämpert hatt?

Sollten die ander Lück sich doch met däm Wellmot vun däm Biamte avfinge, ich nit. Ich brommte höösch »Sauerei« en der Baat un ging op der Usgang zo.

Do driehten ich mich noch ens eröm un sohch, dat dä Biamte grad widderkom un jetz minge Hingermann bedeene dät. Ich hätt mich am leevsten en de Fott gebesse.

Ävver woröm sollt ich mich eigentlich ärgere? Bloß weil ich noch immer nit woß, wat ene Breef noh China koß? Am Engk kunnt et meer egal sin, weil ich do suwiesu kei Minsch kenne, däm ich ene Breef hätt schrieve künne.

Ich hätt et evvens bloß gän gewoß.

Antwoot un Frog

>Ich gläuve nit,
>dat ich met däm,
>wat ich dun,
>de Welt verändere kann.
>
>Ävver woröm
>soll ich et nit
>versöke?

Draum

>Ich han off dovun gedraump:
>Wann ens der Jüngsten Dag erandämmert
>un et Weltgereech eß do,
>dann kumme de huh Deere,
>de Künninge un Feldhäre,
>de Staats- un Kirchemänner,
>de Studeete,
>die geforsch un gefunge han,
>un all die,

dänne ehre große Name
en döre Marmor engemeißelt eß.
Se kumme,
för ehre Luhn avzoholle,
ehr Krune un Lorbeerkränz.

Un wann meer kumme
met unse Böcher unger'm Ärm,
driht der Herrgott sich
noh'm Petrus eröm un säht:
»Belor der die!
Die bruche keine Luhn.
Meer han nix,
wat meer inne gevve künnte.
Et Beste han se jo ald:
Se spreche un singe
un lese un schrieve
Kölsch.«

Ich han off dovun gedraump.

Inhalt

Vun Lück ...

Gebett 9
Woröm laach do keiner? 9
Sprichwöder 10
Gesund 10
Geld 10
Bekannte 11
Dä Held 11
Gewenn un Verloß 12
Spillsaache 12
Selvsschutz 13
Solidarität 14
Verbodde 14
Eines Dags 15
Rääch gehatt 15
Engesinn 15
Geheimnisse 16
Die Lück vun bovve 16
Et Jubiläum 19
Am Fühlinger See 20
Et richtige Fluidum 21
Op eimol wood et düster 23
Woröm? 25
Stolz 26
Metgeföhl 27
Et eß keiner gekumme 29
Meddelcher 30

... un vun Minsche

En Stadt met Minsche 33
Der Meister kütt glich 33
Einfach »Nä« 35

Immer wigger 36
Der Männ oder Moß för Moß 38
Morgemuffel 38
Gotmödigkeit 39
Zweschen de Stöhl 40
Ungerschied 41
Der Fädinand 42
Fuulenzereie 43
Et blo Blömche 44
Vun Leid un Dud 46
Ömesöns 47
Maach der Clown 48
Sing met! 48
Eimol weed et sin 49
Zwei Keßger 49
Welke Kränz 49
Mi Vatter 50
Dun jet för di Geseech 51
Parkuhr en der Sonn 52
Dat eß meer genog 53
Me'm Hätz doheim 53
Woröm eigentlich nit? 54
Gangk en der Bösch 55
Vun Puute un Große 56
Hungsgedanke 58
Am Neppeser Bahnhoff 59
Am Bettche 61
Qualm 64
Fraulück noh vören 64
Dä Breef noh China 66
Antwoot un Frog 68
Draum 68